UDO LANGE

Freispiel Impulse

Draußen

HERDER

FREIBURG · BASEL · WIEN

MIX
Paper | Supporting responsible forestry
FSC® C084698

2. Auflage 2025

Hermann-Herder-Straße 4, 79104 Freiburg

www.herder.de
produktsicherheit@herder.de

Umschlaggestaltung: Sabine Ufer
Umschlagfoto: Udo Lange
Fotos im Innenteil: S. 12 f.: © Melanie Budau, S. 14 f. u. 35 (u.): © Ruth Nickel,
S. 21 (r. o.): © Jana Seidel-Burger, S. 30 f.: © Thomas Seubert,
alle anderen Fotos: © Udo Lange

Satz und Gestaltung: Sabine Ufer

Herstellung: PNB Print Ltd
Printed in Latvia

ISBN 978-3-451-34866-2

Inhalt

Spiel doch draußen!

Draußen –
öffnet sich ein magischer Spalt
jenseits beengender Räume.

Draußen –
das riecht nach Freiheit, Toben,
Klettern, Verstecken,
Matschen, Bauen.

Draußen –
können wir laut sein und uns schmutzig machen,
jedenfalls meistens.

Draußen –
bin ich springlebendig, neugierig und
erfinderisch.

Draußen –
kann ich mit anderen Kindern
auf Entdeckungsreise gehen und Pläne
schmieden.

Das Spiel im Freien ist für Kinder **der** ideale Ort, an dem sie ihre Entdeckungslust und ihre Lebendigkeit, ihren Bewegungsdrang und ihren Wunsch, alles auszuprobieren, uneingeschränkt ausleben können. Wir erleben heute, dass viele dieser natürlichen Spielräume durch die rasante Verdichtung unserer Siedlungsräume und den stetigen Anstieg des Verkehrsaufkommens immer unerreichbarer werden. Selbst im ländlichen Raum finden unsere Kinder kaum noch die offene, anregende Natur vor, in der sich ihre Ideen mit spielerischer Leichtigkeit entzünden. Wir leben in einer Zeit, in der nicht nur Pflanzen und Tiere in ihrem Bestand gefährdet sind – auch viele traditionelle Kinderspiele geraten in Vergessenheit. Unsere Kindergärten müssen darauf reagieren und Außenspielflächen anbieten, in denen die Kinder authentische Erfahrungen sammeln und verarbeiten können. Ähnlich einem Biotop wären diese „Spielotope“ sinnliche Katalysatoren zur Belebung einer Spielkultur, wo sich die Kinder immer wieder aufs Neue erfinden und erproben.

Raum für Unfertiges

Kinder sind die geborenen Experten in eigener Sache und wollen ihre Spielorte und Erfahrungsräume selbst erobern, ohne Wertung und wohlmeinende Anleitung durch die Erwachsenen. Um draußen ins vertiefte Spiel zu kommen und den eigenen Erfahrungshunger zu stillen, braucht es viel Raum für Unfertiges, Überraschendes, Unplanbares und Herausforderndes. Hier setzen sich die Kinder ihre Ziele selbst und überlegen, wie sie diese erreichen können. Beim Überwinden von Widerständen spüren sie ihre Grenzen und erleben, wie ihre Fähigkeiten allmählich wachsen. Die Qualität dieser Spielräume ist nicht an der Quadratmeterzahl zu messen, sondern an den Möglichkeiten des freien Zugangs und der persönlichen Aneignung. So entstehen Spielräume, die nicht nur bei schönem Wetter aufgesucht werden, sondern auch bei Regen, Wind, Schnee und Eis unerschöpfliche Spielanreize und geschützte Bereiche gleichermaßen bieten.

Zeug zum Spielen

Für das Spiel im Freien braucht es wenig Spielzeug, aber viel „Zeug zum Spielen", um dem Entdeckungsgeist und dem Bewegungsbedürfnis sensorische Nahrung zu geben. Mit mobilen und vielfältig nutzbaren Alltagsmaterialien wie Brettern, Steinen, Kisten und anderen Fundstücken entstehen Spielwelten, in denen die Kinder mehr über sich und ihre Umwelt erfahren als durch künstliche Lernangebote aus zweiter Hand. Hier können sie im tätigen Dialog mit Gleichaltrigen eigene Themen bearbeiten und in Szene setzen. So wie kein Blatt dem anderen gleicht, ist das Spiel für jedes Kind einzigartig und kennt keine monotone Wiederholung. Kinder besitzen die angeborene Fähigkeit, sich beim Spiel im Freien Aufgaben zu suchen, die sie weder überfordern noch unterfordern. Hierfür brauchen sie wenig Hilfe, aber viel Anregung durch einen großen Fundus an bedeutungsoffenen Materialien. Und sie brauchen viel Zeit, Ruhe, Ungestörtsein und manchmal auch unbeobachteten Rückzug, um mit Ausdauer und Hingabe in ihrer Spielwelt zu versinken.

Aktionsraumqualität

Das unbeobachtete und nicht reglementierte Spiel im Freien kann sich vor allem dann entfalten, wenn die Spielbereiche „Aktionsraumqualität" besitzen. Für attraktive Aktionsräume im Außengelände gelten folgende Bedingungen

- Gefahrlosigkeit – das Spielgelände sollte Wagnisse und Herausforderungen bieten, muss spannend, aber frei von Gefahren sein.
- Zugänglichkeit – das Spielgelände sollte in Absprache während des Tagesablaufs unabhängig vom Wetter und der Jahreszeit frei zugänglich sein.
- Gestaltbarkeit – ein gutes Spielgelände ist niemals fertig. Kinder lieben das Unfertige, sie werden dort aktiv, wo sie eigene Ideen hinzufügen können.
- Interaktionschancen – Kinder wollen in Gemeinschaft mit Älteren und Jüngeren spielen, sich erproben und auf Entdeckungsreise gehen. Spiel braucht ein Gegenüber und lebt von der Inspiration und dem Austausch mit anderen.

Los geht's!

In den folgenden Kapiteln finden Sie 25 Ideen und Anregungen zur Belebung des Freispiels im Außengelände. Es waren immer die Kinder, die mir zeigten, wann sich der magische Spalt in die wundersame Welt der Draußenspiele öffnet. Treten Sie ein und lassen Sie sich inspirieren!

Udo Lange

Gestalterische und schöpferische Spuren

Kinder verfügen über ein schier unbegrenztes Potenzial an schöpferischer Energie und kreativen Ausdrucksmöglichkeiten. Dies zeigt sich vor allem im Freien! Aus Blättern, Rinden, Ästen und Erde entstehen abseits gewohnter Gestaltungstechniken oftmals vergängliche Werke, die sinnliche Spuren auf dem Spielgelände hinterlassen. Es sind vor allem Fundstücke aus der Natur, die auch „malmüde“ Kinder inspirieren und zum Gestalten herausfordern. Natürliche Werkstoffe wie Holz, Stein und Lehm unterstützen vielfältige Bearbeitungsmöglichkeiten und bieten überraschende Materialerfahrungen. Mit Kreiden, Spachteln, Erdfarben, Borstenpinseln oder bloßen Händen stellen sich die Kinder neuen schöpferisch-kreativen Herausforderungen, die am Maltisch der Innenräume oftmals sehr begrenzt sind.

Malen und Klecksen

✿ **Material:** Riesenstaffelei im Selbstbau, Erdpigmente (Grünerde, Terra di Siena, Ockergelb, Champagnerkreide, Terra Ercolano, Rebschwarz), Lehm, Borstenpinsel, Spachtel, Kokosnussschalen, Metall-Briefklemmer, Packpapier naturweiß oder Schrenzpapier

Die Idee

An der stabilen und standsicheren Riesenstaffelei lässt es sich mit größtmöglichem Körpereinsatz lustvoll malen, klecksen und schmieren. Die Farben werden aus Lehm, gesiebten Erden, Wasser und Erdpigmenten bzw. Lebensmittelfarbe in Kokosnussschalen selbst angerührt. Wichtiger als das Endergebnis ist hierbei die Experimentierfreude und Materialerfahrung.

So geht's

Die Maße der Staffelei betragen: 1900 x 1300 x 1500 mm
Die Tafel mit dem Maß 1500 x 1000 mm wurde aus einer Siebdruckplatte geschnitten. Siebdruckplatten sind witterungsbeständig, langlebig und robust.
Das braune KG-Rohr hat einen Durchmesser von 160 mm und dient der Ablage von Malpapier.
Das Malpapier wird mittels mehrerer Briefklemmer (70 mm) befestigt.

Tipp

Schrenzpapier oder auch Knüllpapier wird komplett aus Altpapier hergestellt und zumeist als Verpackungsmaterial verwendet. Es wird auf Rollen angeboten, ist preisgünstig und ist ab einem Papiergewicht von mindestens 90 g/m^2 geeignet.
Die Erdpigmente sind unbedenklich, Farbpartikel sollten aber nicht eingeatmet werden. Daher die Pigmente zunächst mit ein paar Tropfen Wasser eindicken und erst dann den Kindern zur Weiterverarbeitung geben!

Schwarzmalerei und Asphaltfantasien

✿ **Material:** Straßenkreide, Holzkohle, Zeichenkohle, Dachziegel, trockene Tonklumpen

Die Idee

Hier kann mit allem gearbeitet werden, was farbige Spuren auf Asphalt, Stein und Holzbrettern hinterlässt. Für diese elementaren Gestaltungsarbeiten eignen sich Holzkohle aus der Feuerstelle, Bruchstücke von Ziegeln, getrocknete Tonreste oder Kreide.
Besonders spannend wird es, wenn die Malkreiden selbst hergestellt werden.

So geht's

Eine halbe Tasse Wasser mit 3 EL Gips mischen und den Gipsbrei mit Lebensmittelfarbe verrühren. Anschließend den dickflüssigen Brei in eine Pappröhre oder zylindrische Form aus Wachspapier füllen. Die Gussformen aufrecht in ein Glas stellen. Am nächsten Tag ist die Straßenkreide ausgehärtet.

Tipp

Statt Lebensmittelfarbe kann Kurkuma, Holundersaft, Rote-Beete-Saft oder Kaffee verwendet werden. Die Kreiden aus der eigenen Produktion sind umweltverträglich, und der nächste Regenguss lässt die Farbspuren verschwinden.

Sich erden

✿ **Material:** Lehmerde ist fast überall zu finden. Sobald das Erdreich klebrig wirkt und sich aufgrund des hohen Tonanteils formen lässt, sprechen wir von Lehm.

Die Idee

Das schöpferische Spiel mit diesem ursprünglichen Werkstoff besitzt eine fast magische Anziehungskraft und ist Ausgangspunkt für unbegrenzte Gestaltungsideen. Hier können elementare Materialerfahrungen ohne besonderen Werkzeugaufwand mit tiefer Hingabe und Intensität erlebt werden. Dieser Urstoff lässt sich lustvoll kneten und glatt streichen, formen und verformen, ohne dass etwas Benennbares entstehen muss.

So geht's

Lehm ist unbegrenzt haltbar und kann im trockenen Zustand jederzeit mit Wasser wiederaufbereitet werden. Einfach die Lehmbrocken mit dem Hammer auf einer reißfesten Plane zerkleinern, einweichen und feucht halten. Ist das Lehm-Wasser-Gemisch zu dünnflüssig, wird es mit Lehmpulver eingedickt. Mit einer alten Küchenreibe oder einem Mörser wird das Lehmpulver in Handarbeit selbst hergestellt.

Tipp

Falls in der Natur keine Lehmerde zu finden ist, bietet sich sogenannter Baulehm an. In pulverisierter Form wird der Baulehm als Sackware im Fachhandel für ökologische Baustoffe angeboten.

Steinreich

✿ **Material:** Fundstücke aus der Natur, abgerundete Flusskiesel, Zierkies

Die Idee

Steine sind überall zu finden und Kinder fühlen sich magisch von ihnen angezogen. Für das Spiel mit Steinen braucht es wenig. Schon eine Handvoll reicht aus, um mit Fantasie, Geschicklichkeit oder auch Kraft die vielfältigen Möglichkeiten dieser Fundstücke zu entdecken. Beim Suchen, Betrachten, Ordnen und Spielen schärft sich der Blick für Details. Die Vielgestaltigkeit der Steine und ihre Erscheinungsformen sind beeindruckend. Markante Oberflächen, Formen, Farben und Schattierungen verleihen jedem Stein seine Einzigartigkeit, und manche Exemplare werden wie Schätze behandelt.

So geht's

Ein Besuch in der Kiesgrube oder die Suche am Wegesrand sorgt für reichlich Materialnachschub. Eine Mörtelwanne im Terrassenbereich eignet sich als Materiallager. Großzügiger ist eine Schotterfläche mit Grubenkies, die mit einem Flechtzaun aus Haselnuss und Weide begrenzt wird. Abgerundeter Kies ist dem scharfkantigen Schotter vorzuziehen.

Tipp

Beim Grubenkies handelt es sich um Kieselsteine, die von Bächen und Flüssen rundgewaschen wurden und im Kieswerk oder Baustoffhandel erhältlich sind. Sogenannter Rheinkies ist aufgrund seiner Farbigkeit besonders attraktiv. Kleinere Mengen von Panda Kies sind im Baumarkt erhältlich. Panda Kies ist ein weiß/anthrazitfarbiger und besonders kontrastreicher Zierkies.

Die Steinhauwerkstatt

✿ **Material:** Sandstein, weicher Kalkstein, Spitzmeißel, Flachmeißel, Spitzeisen, Rundraspel, Schusterraspel, Metallklüpfel (500 g), Schleifsteine, Schutzbrille, Arbeitshandschuhe

Die Idee

Kinder suchen körperliche Herausforderungen, die handwerkliches Geschick und Krafteinsatz erfordern. Die Begegnung und Auseinandersetzung mit dem eigenwilligen Material wird vor allem von den Mädchen und Jungen gesucht, die sich „abarbeiten" müssen. Die Arbeit am Stein beruhigt und entschleunigt, denn sie braucht Geduld und Ausdauer. Hier sind authentische Erfahrungen möglich, deren Wert nicht von außen bewertet wird, sondern über das eigene Tun sichtbaren Ausdruck erfährt.

So geht's

Entscheidend ist das Angebot des richtigen Materials und der qualitativ hochwertigen Werkzeuge. Es braucht eine passende Auswahl an funktionsfähigen Werkzeugen und einen Arbeitsplatz, an dem die staubigen Spuren der Arbeit nicht stören. Der Sand- oder Kalkstein liegt im Sandbett und kann so durch seine Größe und Gewicht nicht verrutschen. In der Steinhauwerkstatt entstehen noch keine gestalterischen Werke, vielmehr sind es die Bearbeitungsspuren und Materialerfahrungen, die diesen Arbeitsplatz über einen langen Zeitraum so attraktiv machen.

Tipp

Der Härtegrad und die Beschaffenheit des Steinmaterials sollte auf den Kraftaufwand der Kinder abgestimmt werden. Hier hilft die Beratung durch eine Fachkraft aus dem Werkunterricht oder einer Steinmetzwerkstatt. Gut geeignet ist Sandstein mit wenig Quarzanteil, Kalktuff oder weicher französischer Kalkstein (Tervoux, Richemont).

Die rollende Holzwerkstatt

✿ **Material:** Puksäge, Japansäge, Hammer, Kneifzange, Kombizange, Nagelbohrer, Flachfeile, Halbrundfeile, Vierkantfeile, Holzraspel, Schmirgelpapier und Schleifklotz, Opinel Kindermesser, Allzweckschere, Parallelschraubstock, Nägel in verschiedenen Längen (20–60 mm), Express Holzleim, Weichhölzer, Sammelhölzer, Wildfrüchte, Fell- und Stoffreste, Wickeldraht, Schnüre, fantasieanregende Fundstücke

Die Idee

Die rollende Werkstatt ist in Windeseile aufgebaut und die Kinder können nach Herzenslust hämmern, sägen, feilen, schleifen, schnitzen und schmücken. In der Freiluftwerkstatt ist die sinnliche Begegnung mit Ästen, Stöcken, Rinden, Wurzeln und den Fundstücken aus der Natur zentral. Hier ist alles erlaubt, ohne dass sofort nach gestalterischen Ergebnissen gefragt wird.

So geht's

Sobald der sichere Werkzeuggebrauch erlernt ist, wächst das Selbstvertrauen und Durchhaltevermögen, um fantasievolle Lösungen für die eigenen Ideen zu finden. Für die gefahrlose Holzbearbeitung braucht es hochwertiges Werkzeug, das regelmäßig kontrolliert wird. Defektes und abgenutztes Werkzeug muss sofort aussortiert und ersetzt werden. Von den Billigangeboten sogenannter Kinderwerkstatt-Sets ist abzuraten, da diese der täglichen Beanspruchung nicht standhalten.

Tipp

Jedes Werkzeug hat seine eigene Funktion und sollte nur für diesen Zweck verwendet werden. Denken Sie hierbei auch immer an die Vorbildfunktion der Erwachsenen. Um die Kinder bei ihren Werkstattarbeiten sicher zu begleiten, braucht es sichere und alltagstaugliche handwerkliche Kenntnisse.

Blätterrausch

✿ **Material:** Herbstblätter, Laubrechen, Pfützenwasser

Die Idee

Herbstlaub ist ein Spielmaterial mit unbegrenzten Möglichkeiten. Wie das raschelt und riecht, federleicht wirbelt ein Blätterregen durch die Luft. Hier kann man haufenweise mit Laub um sich werfen, ohne andere zu gefährden. Aus dem Riesenlaubhaufen lässt sich ein Nest bauen, kuschlig weich zum Hineinwühlen und Verstecken.

So geht's

Mehr Wildnis wagen! Laub gehört in Kinderhand, der Laubrechen übrigens auch. Mit viel Rechen und Fantasie lassen sich auf dem Gelände aus dem Laub geheimnisvolle Zeichen formen. Und im Freiluftatelier entstehen aus den schönsten Herbstblättern mit etwas Geschick und viel Pfützenwasser vergängliche Blattwerke.

Tipp

Säckeweise buntes Herbstlaub sammeln und im Heizungsraum trocknen. An trüben Wintertagen werden die Säcke im Bewegungsraum entleert und ein wilder Blättertanz mit ungewissem Ausgang beginnt.

Forschungs- und Entdeckungsreisen

Zeichnen sich Forscherinnen und Forscher nicht dadurch aus, dass sie den Weg ins Unbekannte und Nicht-Vorgedachte wagen? Echte Forschungsaktivitäten sind immer von der Neugierde und dem Interesse geprägt, sich die Welt selbst zu erschließen, zu deuten und schließlich die Zusammenhänge zu verstehen. Wo könnte das in der Kita besser gelingen als in einem naturnah gestalteten Außengelände? Hier finden die Kinder vieles, was sie brauchen, um forschend und entdeckend alles über die dingliche Welt zu erfahren, in die sie hineinwachsen. Mit Schläuchen, Rohren, Brettern und einem Sammelsurium an Alltagsgegenständen werden erste elementare Kenntnisse über die Gesetze der Physik und Mechanik erprobt und erworben. Im freien Spiel und Materialexperiment können sich die Kinder immer neuen Herausforderungen stellen, um bereits Erkanntes zu vertiefen oder nach anderen Lösungen zu suchen. Auf ihren Entdeckungsreisen in die Welt der belebten Natur öffnen sich sinnliche Erfahrungsräume, in denen der Forschungsgeist der Kinder reichlich Nahrung findet.

Reise in die Unterwelt

✿ **Material:** Gartenschaufel; Gartenharke; Unkrautausstecher; kleiner Spaten; Forschungsset: Lupe, Pinzette, Borstenpinsel, Metallspatel, Stukkateurspachtel, Petrischalen, kleine Schiebschachteln, Reagenzglas mit Schraubverschluss, Stethoskop

Die Idee

Kinder haben ein besonderes Verhältnis zur Erde. Für sie ist die Erde nicht schmutzig, sondern ein Ort voller Schätze, der mit allen Sinnen erkundet werden will. Sie wollen Löcher graben, mit Stöckchen im Boden stochern oder in die offene Erde hineinfassen und nach verborgenen Dingen suchen.

So geht's

Für die Reise in die Unterwelt braucht es echtes Werkzeug, um den Geheimnissen der Natur auf die Spur zu kommen. Die Materialien sollten regelmäßig auf ihren Zustand kontrolliert und bei Bedarf ersetzt werden. Verkratze Lupengläser oder verbogene Pinzetten sind ein Ärgernis und bremsen den Forschungsgeist. Ein transparenter Plastikbeutel mit Zip-Verschluss eignet sich besonders gut als Verpackung für das Forschungsset.

Tipp

Wohin mit all den Schätzen und Fundstücken? Ein Setzkasten mit unterschiedlich breiten Fächern oder eine Ausstellungsvitrine schafft Raum, um die Ergebnisse der Forschungsreisen einem staunenden Publikum zu präsentieren.

Wasserspiele

✿ **Material:** transparente PVC-Schläuche in verschiedenen Stärken (∅ 5–20 mm), passende Trichter, Schlauchverbinder in verschiedenen Größen (∅ 5–20 mm), Schlauchreduzierer, T-Schlauchverbinder, Dreiwegehahn, Absperrhahn, Plastikspritzen 50–100 ml, Gießkanne, kleine Eimer

Die Idee

Wasser besitzt für Kinder eine magische Anziehungskraft und zählt zu den attraktivsten Spielthemen. Die Aktionsmöglichkeiten mit Wasser sind so grenzenlos wie das Urelement selbst. Es lässt sich durch Rohrsysteme lenken oder durch Dammbauten stauen. Ob Pfütze, Rinnsal oder Wasserlauf, selten sind die Kinder so konzentriert und ausdauernd bei der Sache wie im selbstvergessenen Kontakt mit dem Wasser.

So geht's

Für unsere mobile Wasserbaustelle benötigen wir transparentes Schlauchmaterial in verschiedenen Stärken und Längen. Mit sogenannten Schlauchverbindern lassen sich fantasievolle Wasserleitsysteme bauen. Die Schlauchverbinder aus Plastik gibt es als T-Form, Y-Form oder variable Reduzierstücke, mit denen unterschiedliche Schlauchdurchmesser miteinander kombinierbar sind. Passende Trichter, Plastikspritzen und eine Sand- und Wassermühle gehören außerdem zum Set.

Tipp

Das Schlauchmaterial und die Verbindungsstücke sind im Baumarkt oder beim Campingausstatter kostengünstig erhältlich. Für die Lagerung der tropfnassen Materialien unserer Wasserbaustelle eignet sich eine perforierte Plastikkiste.

Kraftvolles – Flaschenzug und schiefe Ebene

✿ **Material:** Flaschenzug, Umlenkrollen (125–160 mm), Seilrolle mit drehbaren Haken, Karabinerhaken, Juteseil, Falt- oder Gummieimer, Schalungsplatte (Vielzweckplatte 20 x 500 x 1500 mm)

Die Idee

Gegenstände ohne großen Kraftaufwand in Bewegung setzen, das ist eine Entdeckung, mit der sich Kinder über einen langen Zeitraum beschäftigen. Der Flaschenzug wird zur „Kraftmaschine“, mit der sich schwere Lasten kinderleicht heben lassen, und ein schräg aufgestelltes Schalbrett ist eine Beschleunigungsrampe, die Dinge rasant ins Rollen bringt.

So geht's

Den Flaschenzug gibt es als kompletten Bausatz zu kaufen. Interessanter wird es, wenn in einen transportablen Werkzeugkoffer verschiedene Seilrollen mit drehbaren Haken, Karabinerhaken und ausreichend Seilmaterial gepackt werden. Dem Erfindungsgeist sind mit diesem Setting keine Grenzen gesetzt.

Mit einer Schalungsplatte lässt sich an Treppenstufen eine Rampe bauen, auf der das schlappe Spielzeugauto zum Rennwagen mutiert.

Tipp

Alltagstauglich und billiger ist es, wenn das „physikalische Spielzeug“ im Baumarkt oder Baustoffhandel erworben wird.

Die Kraft der Sonne

✿ **Material:** bruchsichere Kunststoffspiegel oder Spiegelfliesen aus Acrylglas, Solar-Wackelfiguren, Solarzellen mit Krokodilklemmen (5 Volt), Messstrippen mit Krokoklemmen, Solarmotoren, Infrarot-Thermometer

Die Idee

Mit Hilfe von Solarzellen lassen sich fast alle niedervoltbetriebenen Geräte wie Fahrzeuge, Motoren und sogar eine Modelleisenbahn antreiben. Die Energiegewinnung aus Solarpanels basiert auf Niedervoltstrom und erzeugt keine empfindlichen Stromstöße. Hier erfahren die Kinder unmittelbar, wie sich aus der Sonneneinstrahlung Energie gewinnen lässt.

So geht's

Das konzentrierte Spiel mit den Solarpanels und solarbetriebenen Elektromotoren setzt einiges an Wissen voraus und reizt vor allem Kinder, die zuvor elementare Erfahrungen mit der Kraft von Sonnenstrahlen sammeln konnten. Schon die Jüngsten schauen gebannt auf den Lichtreflex, der sich mit einem Spiegel erzeugen lässt, und groß ist die Freude, wenn der Lichtpunkt zu tanzen beginnt. Ausgerüstet mit Straßenkreide lassen sich geheimnisvolle Schatten umranden, und die Solarwackelfigur bewegt sich nur außerhalb des Schattens. Erst wenn diese Erfahrungen verinnerlicht sind, wächst das Interesse an der Funktion der solarbetriebenen Spielzeugeisenbahn.

Tipp

Die Spiegelfliesen aus echtem Glas können nicht verkratzen und sind deutlich attraktiver. Um eine Verletzungsgefahr zu vermeiden, müssen die Fliesen auf ein Holzbrett in gleicher Größe aufgeklebt und mit einer Splitterschutzfolie überzogen werden.

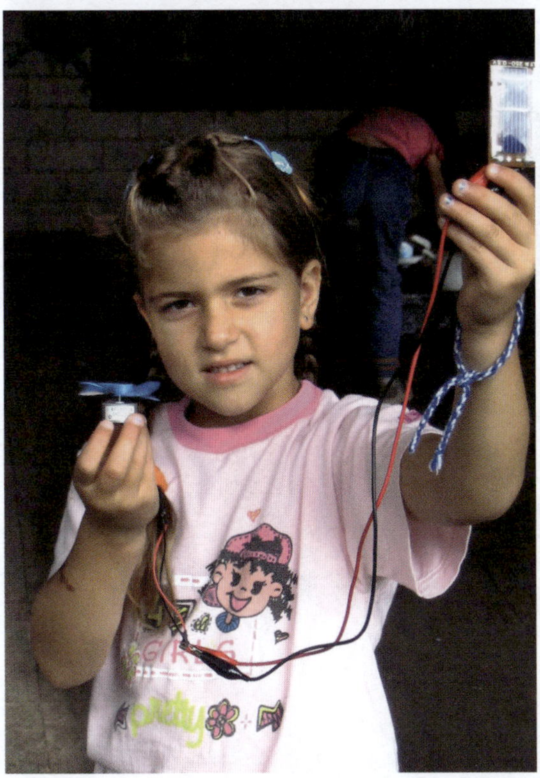

Das Ding der Woche

Die Idee

Die spannendsten Dinge sind für Kinder meist jene, die nicht eigens für sie hergestellt wurden. Es sind Dinge aus der realen Welt, die Begehrlichkeiten wecken und zum Kind sprechen. Im Spiel mit dem Ding der Woche entstehen kreative Ideen, denn es gibt keine Gebrauchsanweisung oder langatmige Erklärungen. Die Alltagsgegenstände sind Ausgangspunkt für das eigene Handeln, Spielen und Forschen. Beim Erkunden der vielen Verwendungsmöglichkeiten entstehen immer wieder neue Fragen, die durch das Hantieren mit den Dingen beantwortet werden.

So geht's

Das Ding der Woche wird in einer Ausstellungsbox präsentiert und kann vom Kind für seine Forschungsaktivitäten entnommen werden. Die Box wird im Terrassenbereich befestigt und im wöchentlichen Wechsel mit einem neuen Ding bestückt. Wichtig: Das Ding gibt es immer nur einmal und es kehrt nach der Entdeckungsreise wieder an seinen Platz zurück.

Tipp

Beobachten und Dokumentieren Sie besondere Episoden beim wöchentlichen Spiel mit den Dingen aus der Wunderkammer des Wissens.

AEG

BBQ
FAN

Mörsern und Zerkleinern

✿ **Material:** 2–3 Steinmörser aus Granit (∅ 100 mm und größer), halbierte Kokosnussschalen, Blätter, Blüten, Rinden, Kreide, getrockneter Ton, gesiebte Erde etc.

Die Idee

Mörser gibt es seit Jahrtausenden, und das urtümliche Arbeitsgerät besitzt noch heute für Kinder eine hohe Anziehungskraft. Beim Mörsern spüren die Kinder, dass es sich um ein echtes Werkzeug handelt, denn es braucht viel Kraft und Geduld, nur dann ist ein gutes Ergebnis zu erzielen. Mit einem Mörser lässt sich die Beschaffenheit von Materialien verändern, was nicht nur den Körpereinsatz, sondern auch den Erfindungsgeist aktiviert.

So geht's

Zum Mörsern braucht es eigentlich nur einen Stein als Faustkeil und einen harten Untergrund. Interessanter wird es, wenn ein paar Steinmörser in unterschiedlichen Größen angeschafft werden. Vor allem die Mörser aus Granit sind ein verlässliches Werkzeug, mit denen sich fast alles zerkleinern lässt. Sie stehen stabil, sind rutschfest und von langer Lebensdauer.

Tipp

Mit einer halbierten Kokosnuss lässt es sich bei Aktionen in der Natur gut mörsern. Die Kokosnussschalen sind deutlich leichter, und Reibesteine als Stößel sind fast überall zu finden. Das spart Gewicht und findet in jedem Rucksack Platz. Blätter und Blüten, Gräser und Erden gibt es zuhauf, und die Farbenwerkstatt kann eröffnet werden.

10
BETRETEN
VABOTEN
ELTERN HAFTEN
FÜR IRE
KINDER
KALPAUSAMMAR
ABAITÖR
CO
GÄRTNÖR
CO
KABELGRUPE

Vorsicht Baustelle!

Bauen ist ein elementarer Bestandteil des Spiels. Vieles von dem, was Kinder bei ihren Bauspielen in den Innenräumen erleben, findet im Außengelände seine Fortsetzung. Es überrascht immer wieder, mit welcher Ernsthaftigkeit und Ausdauer an den fragilen Bauwerken gearbeitet wird. Hier müssen statische Probleme gelöst werden, die mit großem Kraftaufwand und Planungsvermögen verbunden sind. Um die Herausforderungen zu meistern, braucht es häufig die Abstimmung mit anderen Kindern. Dem Erfindungsreichtum sind keine Grenzen gesetzt, wenn reichlich Konstruktionsmaterial vorhanden ist und gemeinsam nach baulichen Lösungen gesucht wird.

Stein auf Stein

✿ **Material:** Ziegelsteine, Vollziegel, Lochziegel, Klinkersteine, Pflastersteine, Transportfahrzeuge, Holzbretter, Maurerkellen, Lehm

Die Idee

Echte Ziegelsteine, echte Herausforderungen und echte Ergebnisse! Nur mit Kraft, Erfahrung und Partnern ist die Arbeit auf diesen wilden Baustellen möglich. Hier organisieren die Kinder ihr Spiel selbst, es braucht Arbeitsteilung, Abstimmung und Koordination, um erfolgreich ans Ziel zu kommen. Das Leben auf der Baustelle fühlt sich gut an, denn ohne Lärm, Schmutz und Wagnis macht das Arbeiten wenig Sinn.

So geht's

Das Baumaterial hat einen festen Platz, an dem es gelagert wird. Mit Schubkarre, Sackkarre oder Leiterwagen transportieren die Kinder die Steine an ihre Baustelle.

Ob Legearbeiten oder Mauerwerk, grundsätzlich gilt die Regel: Nie höher als in Kniehöhe und nur mit Schuhen bauen!

Für die Maurerarbeiten eignen sich Kellen und Spachtel, und mit Lehmerde lässt sich ein klebefähiger Mörtel anrühren. Arbeitshandschuhe braucht es hierfür nicht, aber in Kombination mit kurzen Brettern und Rinden gelingt das Bauen besser. Die robuste Rinde der Douglasie ist besonders beliebt.

Tipp

Spätestens zum Wochenende wird die Baustelle abgebaut und das Material ins Depot zurückgebracht. Hier können defekte und scharfkantige Ziegelsteine aussortiert und ersetzt werden.

Leitungsaufgaben

✿ **Material:** HT-Rohre (grau, ab 30 mm ∅ erhältlich) oder KG-Rohre (orange-braun, ab 100 mm ∅ erhältlich), Rohrabzweiger, Steckmuffen, Überschiebmuffen, Muffenstopfen, Drainagerohre, Absaug- und Lüftungsschläuche

Die Idee

Abflussrohre fallen auf fast jeder Baustelle als Abfallstücke an oder sind günstig im Baumarkt erhältlich. Das Material ist zwar etwas sperrig, aber sehr robust, das zieht Kinder an. Die Verwendungsmöglichkeiten der Rohre sind vielseitig, sie lassen sich sogar als Flüsterrinnen oder Klangverstärker verwenden.

So geht's

Die Abwasserrohre lassen sich bei gleichem Durchmesser ineinanderschieben und mit einer Steckmuffe beliebig verlängern. Neben den geraden Rohren dürfen Kurvenrohre und Rohrabzweiger nicht fehlen, sie ermöglichen einen Richtungswechsel und erhöhen den Spielreiz. Mit den abenteuerlichen Rohrkonstruktionen lassen sich stabile Wasserleitungen oder Kugelbahnen verlegen. Die biegsamen gelben Drainagerohre sind für den Bau einer Kugelbahn besonders geeignet. Spannend wird es, wenn zusätzlich transparente Absaug- oder Lüftungsschläuche eingebaut werden und so der Lauf der Kugeln zu beobachten ist.

Tipp

Die Gummidichtung der Abwasserrohre und der Steckmuffen sollte regelmäßig mit Vaseline eingefettet werden. Das erleichtert den Zusammenbau und verlängert die Lebensdauer.

Transportarbeiten

✿ **Material:** Schubkarre, Sackkarre, Bollerwagen, Rollbrett, Transportroller

Die Idee

Bauen und Transportieren sind auf jeder Baustelle untrennbar miteinander verbunden. Das Baumaterial muss bewegt werden, und das bedeutet echte Arbeit. Zwar können schwere Dinge geschleppt werden, aber das Verladen mit der Schubkarre ist viel cooler. Hier sehen alle, dass ich arbeite und wichtig bin. Aktive Kinder suchen in ihrer Spielwelt nach Aufgaben, die Herausforderungen beinhalten und sinnstiftend sind.

So geht's

Für die Transportarbeiten braucht es robuste Fahrzeuge, die über genügend Laderaum verfügen und von den Kindern trotzdem zu bewegen sind. Dabei bieten sich Beförderungsmittel aus Holz oder Metall an, die meisten Plastikspielzeuge erfüllen diesen Zweck nicht. Beim Beladen und Hantieren erfahren die Kinder schnell, wann die eigenen Grenzen erreicht sind und wie viel Übung nötig ist, um das Fahrzeug im Gleichgewicht zu halten.

Tipp

Für die jüngeren Kinder ist statt der Schubkarre die zweirädrige Mini-Sackkarre besser geeignet. Hilfreich ist es, wenn auf die Ladeschaufel der Sackkarre nachträglich eine stabile Plastikbox aufgeschraubt oder festgebunden wird. Mit der aufgerüsteten Sackkarre wird sogar das leidige Aufräumen zum beliebten Kinderspiel.

Bretterbuden und Fliegende Bauten

✿ **Material:** stabile Holzbretter; kleine Einwegpaletten (600 x 800 mm); größere Einwegpaletten (1000 x 1100 mm); runde Holzklötze (∅ 150 mm, Länge 500 mm); starre, stabile Arbeitsböcke (Sägebock); Baumscheiben

Die Idee

Der Hüttenbau scheint bei allen Kindern ein Urbedürfnis zu sein. Wo immer sich die Gelegenheit bietet, entstehen aus Ästen, Brettern und Tüchern fragile Bauten und Rückzugsorte von kurzer Lebensdauer. Auf den ersten Blick wirken diese Baustellen wie ein heilloses Durcheinander von Materialien und unvollendeten Ideen. Bei genauer Betrachtung zeigt sich aber, dass die Bauaktivitäten einer Choreografie folgen, die aus vielen kleinen Schritten wie planen, ausführen, anpassen, verwerfen, verändern und dranbleiben besteht.

So geht's

Die eigentliche Motivation bei den Bauarbeiten ist die Lust am Planen und Konstruieren. Häufig erinnern die Bauten an einen provisorischen Unterschlupf, bei dem die Zweckmäßigkeit und Bewohnbarkeit zumeist nebensächlich ist. Den Akteuren scheint die Suche nach baulichen Lösungen bei den auftauchenden statischen Problemen wichtiger zu sein. Als verlässliches Hilfsmittel haben sich hier stabile Arbeitsböcke bewährt, die dem Bauwerk Stabilität verleihen. Mit zunehmender Erfahrung kann den Kindern mehr zugetraut werden, denn das Einschätzen riskanter Konstruktionen gehört zum Sicherheitslernen.

Tipp

Achten Sie darauf, dass die Einwegpaletten nicht mit Holzschutzmitteln behandelt sind. Kontrollieren Sie das Baumaterial regelmäßig, beschädigtes Baumaterial muss entsorgt und ersetzt werden, die Kanten der Bauhölzer bitte abrunden und schleifen.

Alles in Bewegung – die Bewegungsbaustelle

✿ **Material:** Bretter, Balken, Kanthölzer, Rundhölzer, Holz-Kabeltrommel, Getränkekisten, Pflastersteine (90 x 100 mm)

Die Idee

Springlebendige Kinder nutzen ihre Bewegungslust als elementares Ausdrucksmittel. Für sie ist Bewegungsfreiheit auch immer ein Stück individuelle Freiheit. Die Bewegungsbaustelle bietet Kindern die Möglichkeit, Spiel- und Bewegungsanlässe selbst zu schaffen und zu verändern. Im Gegensatz zu vorgefertigten Spielgeräten treffen die Kinder hier auf ein offenes Bewegungsangebot, das zum Balancieren, Wippen und Springen einlädt. Durch ihre selbstbestimmten Bewegungsabläufe schaffen sie sich individuelle Herausforderungen und lernen dabei ihre körperlichen Fähigkeiten und Grenzen kennen.

So geht's

Mit den mobilen Elementen der Bewegungsbaustelle gestalten die Kinder ihren eigenen Parcours, es gibt wenige Vorgaben, aber einige Sicherheitshinweise sollten beachtet werden.

Die Bauteile müssen sorgfältig geschliffen und splitterfrei sein. Größe und Gewicht der Baumaterialien sollten so angelegt sein, dass eine sichere Handhabung möglich ist. Für den Bewegungsparcours muss eine ausreichend große und hindernisfreie Fläche vorhanden sein, als Untergrund eignet sich eine Rasenfläche.

Mit der Zeit lernen die Kinder, auch riskantere Konstruktionen einzuschätzen und erweitern so ihre Risikokompetenz.

Tipp

Es braucht einen festen Platz, um das Material sicher und trocken zu lagern. Die mobilen Teile der Bewegungsbaustelle sollten nach dem Spiel wieder an ihren Ursprungsort zurückgebracht werden.

Fantasiespiele – Die Welt mit anderen Augen sehen

Einfach mal jemand anderes sein, in eine andere Rolle schlüpfen und Tätigkeiten ausüben, die ein Kind im realen Leben noch nicht kann oder darf. Wie befreiend ist das! Spielerisch erschaffen Kinder fiktive Welten, in die sie mit all ihrer Fantasie eintauchen und ganz nach ihren Wünschen gestalten. Bei den Jüngeren sind es vor allem Situationen und Handlungen aus dem häuslichen Alltag, die nachgespielt und umgedeutet werden. In der Matschküche wird leidenschaftlich gekocht, oder die kranke Katze muss zum Arzt. Ältere Kinder favorisieren hingegen differenzierte und herausfordernde Tätigkeiten, die häufig im Berufsleben der Erwachsenenwelt angesiedelt sind und mit großer Ernsthaftigkeit erprobt und ausgelebt werden. Ob Reiterhof oder Autowerkstatt, Polizei oder Rettungsdienst, im Fantasiespiel ist alles möglich und es öffnet sich eine Welt, in der das Kind selbstbewusst und mächtig agieren kann. Dafür braucht es wenig, aber viel Platz und echte Materialien aus dem Alltag, die sich vielseitig einsetzen lassen.

Die Matschküche

✿ **Material:** Töpfe, Pfannen, Kannen, Backformen, Backblech, Espressokanne, Siebe, Salatschleuder, Trichter, Mörser, Reiben, Kochlöffel, Schöpfkelle, Rührbesen etc.

Die Idee

Die elterliche Küche ist ein vertrauter Ort, an dem zwar Mithilfe gewünscht wird, aber schlussendlich bestimmen die Erwachsenen, was zu tun ist. Welch einen Genuss bereitet hingegen die Matschküche. Mit viel Leidenschaft und Hingabe werden im Frühling Blütensuppen gekocht oder im Winter Schneekuchen gebacken. Hier bestimmen die Kinder, was auf den Tisch kommt und wer eine Einladung erhält. Und das unabhängig von der sprachlichen Ausdrucksfähigkeit, denn gekocht wird in allen Kulturen.

So geht's

Für die Matschküche braucht es einen geschützten Platz, an dem sich schon die Jüngsten störungsfrei zurückziehen können. Großzügig ausgestattet mit ausrangierten Küchenutensilien sollte dieser Ort ganzjährig und witterungsunabhängig verfügbar sein. Ein wetterfestes Regal für die Gerätschaften sorgt für Ordnung und Überblick. Aus Paletten und einem metallenen Spüleinsatz mit Ablageflächen lässt sich ein Matschküchenblock zimmern, der immer neue Kochexperimente und Spielideen mobilisiert. Die Zutaten für das Küchenwunder finden die Kinder zu jeder Jahreszeit reichlich in der Natur.

Tipp

Für die Jüngsten sollte die Matschküche im Terrassenbereich angelegt werden. Das schafft Sicherheit und Nähe, denn nach dem Kochen laden die Kinder gerne erwachsene Gäste ein, die mit regionalen Geheimrezepten verwöhnt werden.

Reitspiele

✿ **Material:** Steckenpferd, Reitpferd aus Holz (Sitzhöhe 600–1000 mm), Reitstein, Reitsattel, Reitpad, Haltegriffgurt, Pferdeleinen mit Glöckchen, Strohballen, Futtereimer, Heu

Die Idee

Pferde haben für Mädchen und Jungen eine magische Anziehungskraft und sie lieben Fantasiespiele rund um dieses Thema. Egal ob aus Holz oder Stoff, die Tiere wollen gefüttert und ausgeführt werden, und jeder Ausritt mit dem Steckenpferd lässt der Fantasie freien Lauf. Reitspiele kommen dem Bewegungsdrang der Kinder entgegen und es braucht ein sicheres Körpergefühl, um fest im Sattel zu sitzen und nicht das Gleichgewicht zu verlieren.

So geht's

Reiten gelingt auch ohne ein echtes Pferd. Ein großer abgerundeter Findling wird zum beliebten Reitstein. Die Sitzhöhe des Reitpferdes aus Holz muss dem Alter des Kindes angepasst sein, wobei darauf zu achten ist, dass die Beine frei baumeln können. Neben dem Reitvergnügen braucht es für das Spiel auf dem Reiterhof viel Echtmaterial. Der Sattel mit Zaumzeug, ein Ballen Stroh und ein Futtereimer aus Metall darf nicht fehlen. Nur so ist die fantasievolle Bearbeitung von Erlebtem und Beobachtetem möglich.

Tipp

Beim Reiten sind die Kinder die Akteure. Sobald der Pferderücken ohne Aufstiegshilfe und Hilfestellung erreichbar ist, brauchen sie keine Dauerbeaufsichtigung.

Die Autowaschstraße

✿ **Material:** Holzpaletten (1200 x 800 mm), stabile Balkenwinkel, Staubsaugerschlauch, Staubsaugerdüsenset, Lüftungsschlauch, Computertastatur, Not-Stopp-Schalter, Drucksprühgerät, Pumpsprühflasche, Reifenbürste, Haushaltsschwämme, Staubwedel, Wassereimer, Wasserspritzpistole

Die Idee

Fahrzeuge gehört zur Lebenswelt der Kinder, und alles, was damit zusammenhängt bewegt ihre Fantasie. Der Bau einer Autowaschstraße gehört dazu. Ob Bobby-Car, Dreirad oder Sulky, die Reinigungsarbeiten am Fuhrpark sind der „Renner". In der Waschstraße wird betriebsam rangiert, gesaugt, gebürstet und gereinigt. Am spannendsten sind häufig die Dinge und Tätigkeiten, die aus der realen Erwachsenenwelt stammen und die Kinder anregen, eigene Handlungsmuster zu entwerfen.

So geht's

Für den Bau einer Autowaschstraße ist alles brauchbar. Für das Grundgerüst eignen sich große Holzpaletten, die mit stabilen Balkenwinkeln fest miteinander verschraubt werden. Die Schläuche, Düsen und Bürsten müssen authentisch sein und wie im echten Arbeitsleben einen hohen Gebrauchswert besitzen. Für die Auswahl des Waschprogramms eignet sich eine Computertastatur, die zusammen mit der Maus an den Paletten fest verankert wird. Wichtig sind viele Knöpfe zum Drücken und Schalter zum Drehen. Besonders beliebt ist der große Not-Stopp-Schalter in Rot.

Tipp

Das Schaumwunder für die besonderen Reinigungsarbeiten lässt sich im Standmixer mit folgender Rezeptur selbst herstellen:

- 100 ml Wasser
- 2 EL Spülmittel oder flüssige Neutralseife
- 2 EL Stärkemehl

Minutenlanges Mixen sorgt für höhere Festigkeit.

P
Nur für
Kunden

Ran an den Besen

✿ **Material:** Straßenbesen, Werkstattbesen, Reisstrohbesen, Reisigbesen, Fächerbesen

Die Idee

Besen gibt es in jedem Haushalt, und Kinder können es kaum erwarten, beim Fegen zu helfen, denn sie lieben das Putzen fast so sehr, wie Chaos zu verbreiten. Das Spiel mit dem Besen geht weit über das bloße Nachahmen einer Arbeit hinaus. Blitzschnell verwandelt sich das Reinigungsgerät in ein Spielobjekt, mit dem sich ungeahnte Möglichkeiten eröffnen. Im Harry-Potter-Lexikon der magischen Welten werden die Besenspiele als die beliebteste Besensportart der Zauberer beschrieben. Die magischen Spiele der Zauberer gelten inzwischen als ausgestorben, bei den Kindern haben sie überlebt.

So geht's

Eine gute Auswahl an Besen in unterschiedlichen Größen und Ausführungen schafft Spielanreize und beflügelt die Fantasie. Der große Straßenbesen (Fegebreite 500 mm) wird in Verbindung mit dem Bobby-Car zur Straßenkehrmaschine, und der Reisstrohbesen verwandelt sich in einen Hexenbesen. Große Besen kehren gut, das wissen schon die Kinder. Langeweile entsteht, sobald das Handwerkzeug wenig herausfordernd ist und wenig Erfolg beim Arbeiten verspricht.

Tipp

Rüsten Sie die Straßenbesen mit einem Teleskopstiel auf. Der ist höhenverstellbar und somit für alle Altersgruppen geeignet.

Das Schlauchtelefon

✿ **Material:** 1 Gartenschlauch (3/4 Zoll), 2 Trichter, 2 Schlauchklemmen

Die Idee

Telefonieren heißt für Kinder heute Handy oder Smartphone. Aber man kann auch ganz anders miteinander telefonieren und das mit einfachen Mitteln. Mit einem selbst gebauten Schlauchtelefon können Gespräche, Durchsagen und Töne über große Entfernungen übermittelt werden, ohne den anderen zu sehen. Hallo, wer spricht da bitte? Selbst stille Kinder sind motiviert, in das Spielplatztelefon zu sprechen.

So geht's

An den beiden Schlauchenden werden zwei passende Trichter mit Schlauchklemmen oder Kabelbinder befestigt. Die Trichter müssen fest sitzen. Der Schlauch sollte knicksicher und die Innenseite möglichst glatt sein, dann sind Telefonate über erstaunlich weite Strecken möglich. Besonders interessant ist es, wenn der Schlauch durch eine Hecke oder um die Ecke führt wird und die Gesprächspartner einander nicht sehen können. Es braucht etwas Übung, bis die Kinder herausfinden, dass mit dem Einschlauchtelefon nicht beide gleichzeitig sprechen können.

Tipp

Komfortabler ist ein Zweischlauchtelefon, das aus einem Lautsprecherschlauch und einem Mikrofonschlauch besteht. Dabei ist es hilfreich, die Enden der beiden Schläuche farbig zu markieren und mit einer Doppelrohrschelle zu verbinden. Das vermeidet lästige Verwicklungen und Schlauchsalat.

Rückzugsorte

Die Idee

Das Bedürfnis nach Zugehörigkeit und Rückzug schließen sich nicht aus. Kinder brauchen im Alltag Rückzugsmöglichkeiten, um sich dem turbulenten Gruppengeschehen zu entziehen und allein oder mit anderen ungestört zu sein. Rückzugsorte sind Orte der Ruhe und des vertieften Spiels. Hier sind sie ganz bei sich und entscheiden selbst, ob sie für sich sein wollen oder andere in ihr Spiel einbeziehen. An diesen geschützten Orten verhandeln die Kinder miteinander, wer mitspielen darf und wer nicht. Und das alles in eigener Regie und ohne wertende Kontrolle der Erwachsenen. Das stärkt die Interaktion und Dialogbereitschaft in der Gemeinschaft; hier lernen die Kinder, aufeinander einzugehen, die Gefühle anderer wahrzunehmen, Kompromisse zu schließen und Konflikte zu lösen.

So geht's

Das naturnahe Außengelände mit einer großzügigen Geländemodellierung, bestehend aus Mulden und Hügelketten, schafft Raum für Bewegung und Rückzug. Die Bepflanzung mit heimischen Gehölzen an den Grundstückgrenzen bietet vielerlei Möglichkeiten, sich dem allgegenwärtigen Blick der anderen zu entziehen und dient oftmals als geheimer Treffpunkt für unbeobachtete Aktionen. Manche Spiele brauchen ein Dach über dem Kopf. So schaffen fantasievolle Behausungen kleinräumige Rückzugsbereiche, in denen die Kinder ihr Bedürfnis nach Nestwärme und Geborgenheit im gemeinschaftlichen Rollenspiel ausleben können. Auch der alte Beistellherd mit Backofen im Terrassenbereich ist ein Ort, wo die Kinder in eine Spielwelt abtauchen können, die nur ihnen gehört. Der Zaun mit seinen bunten Plexiglasfenstern bietet Sichtschutz und die Möglichkeit, andere beim Spiel zu beobachten, ohne selbst gesehen zu werden.

Tipp

Schon die Allerjüngsten suchen nach Möglichkeiten, sich dem Blick der anderen zeitweise zu entziehen. Hier genügen einfache Zeltkonstruktionen oder Raumteiler aus durchscheinenden Decken und Tüchern, die den Blick nach draußen weiterhin ermöglichen. Im Gegensatz zu den Älteren brauchen sie einen offenen Unterschlupf, den sie wieder schnell verlassen können, um im Kontakt zu bleiben.

Ganz viel Echtzeug

Kinder suchen für ihr Spiel im Freien nach Dingen, die authentisch sind und sich echt anfühlen. Der Bedeutungswert von Dingen hängt von ihrem Aufforderungscharakter ab. Was weckt Begehrlichkeiten und beflügelt Spielideen? Besonders anziehend sind abgelegte Alltagsgegenstände aus der Erwachsenenwelt, die vielfältig nutzbar und Ausgangspunkt für das eigene Handeln, Spielen und Forschen sind. Kinder lieben dieses Echtzeug. Viel braucht es davon nicht, aber kraft ihrer Fantasie lässt sich viel damit bewirken.

Aber sicher!

Sicherheitstechnische Vorschriften und DIN-Normen für Spielgeräte sind wichtige Wegweiser, um potenzielle Unfallgefahren im Spielgelände zu verhindern. Die Vorschriften dürfen allerdings nicht als Vorwand benutzt werden, um jegliche Risiken und Wagnisse im freien Spiel auszugrenzen. Jedes Spiel birgt ein Restrisiko. Kräfte zu messen und kalkulierbare Risiken einzugehen, war zu allen Zeiten ein wichtiger Bestandteil des Spieles. Im Gegensatz zu uns Erwachsenen haben Kinder noch wenig „Erfahrungsangst“. Neugierig und unbekümmert suchen sie nach Aktionsräumen, die möglichst komplexe und sinnstiftende Tätigkeiten erlauben und unterstützen. Komplex heißt, so vielfältig und herausfordernd wie möglich. Wann schwappt das Pfützenwasser in meine Gummistiefel? Wie weit traue ich mich auf die Stufen hinauf? Stürze ich, wenn ich schnell über die Bodenwelle laufe? Hier loten Kinder ihre Grenzen aus und entwickeln Vertrauen in die eigenen Fähigkeiten. Nur so lernen sie, Situationen und Herausforderungen richtig einzuschätzen, sich nicht zu verletzen und daraus ein „Risikobewusstsein“ zu entwickeln. Der Sicherheitsgedanke und das Schutzbedürfnis der Erwachsenen darf das eigenständige Handeln von Kindern nicht verhindern. Kinder müssen entsprechend ihrem Entwicklungsstand lernen, mit Risiken und Wagnissen eigenverantwortlich umzugehen. Es braucht spannende Herausforderungen und die Freude, sie zu meistern, um die Wirkungen des eigenen Tuns zu erleben und somit Verletzungsgefahren zu minimieren. Denn die eigentlichen Unfallrisiken sind in der motorischen Schwäche und dem mangelnden Selbstsicherungsverhalten der Kinder zu suchen. Heikel, aber wahr – wir brauchen mehr Mut zum Risiko.

> *„Kinder sollen im Spiel mit den Risiken des Lebens konfrontiert werden. Sie sollen diese erleben, den Umgang mit ihnen lernen und somit ein Handwerkszeug erwerben, um risikoreiche Situationen Leben zu beherrschen“*
> (Unfallkasse Nordrhein-Westfalen: Sichere Kita – Außengelände).

Dank

Der Autor dankt den Teams und allen Kindern, die mit ihren Ideen und ihrer Spielfreude (ein besonderer Dank an Paul) die Arbeiten zu diesem Buch ermöglicht haben. Die Fotos sind in folgenden Einrichtungen entstanden:

Städtische Kindertagesstätte Rotlaub in Freiburg

Kindergarten Algund in Algund/Südtirol

Katholische Kindertagesstätte Pusteblume in Sulzbach-Soden

Freiburger Waldkinder e.V.

Städtische Kindertagesstätte Rieselfeld in Freiburg

Evangelische Kindertagesstätte Immergrün in Freiburg

Kindergarten Plaus in Plaus/Südtirol

Kindergarten Texelpark in Meran/Südtirol

Evangelischer Fröbelkindergarten in Steinen

Waldkindergarten Birkenwald in Partschins/Südtirol

Städtischer Kindergarten in Bräunlingen

Waldwerkstatt Freiburg

Weitere Informationen: www.waldwerkstatt-freiburg.de

